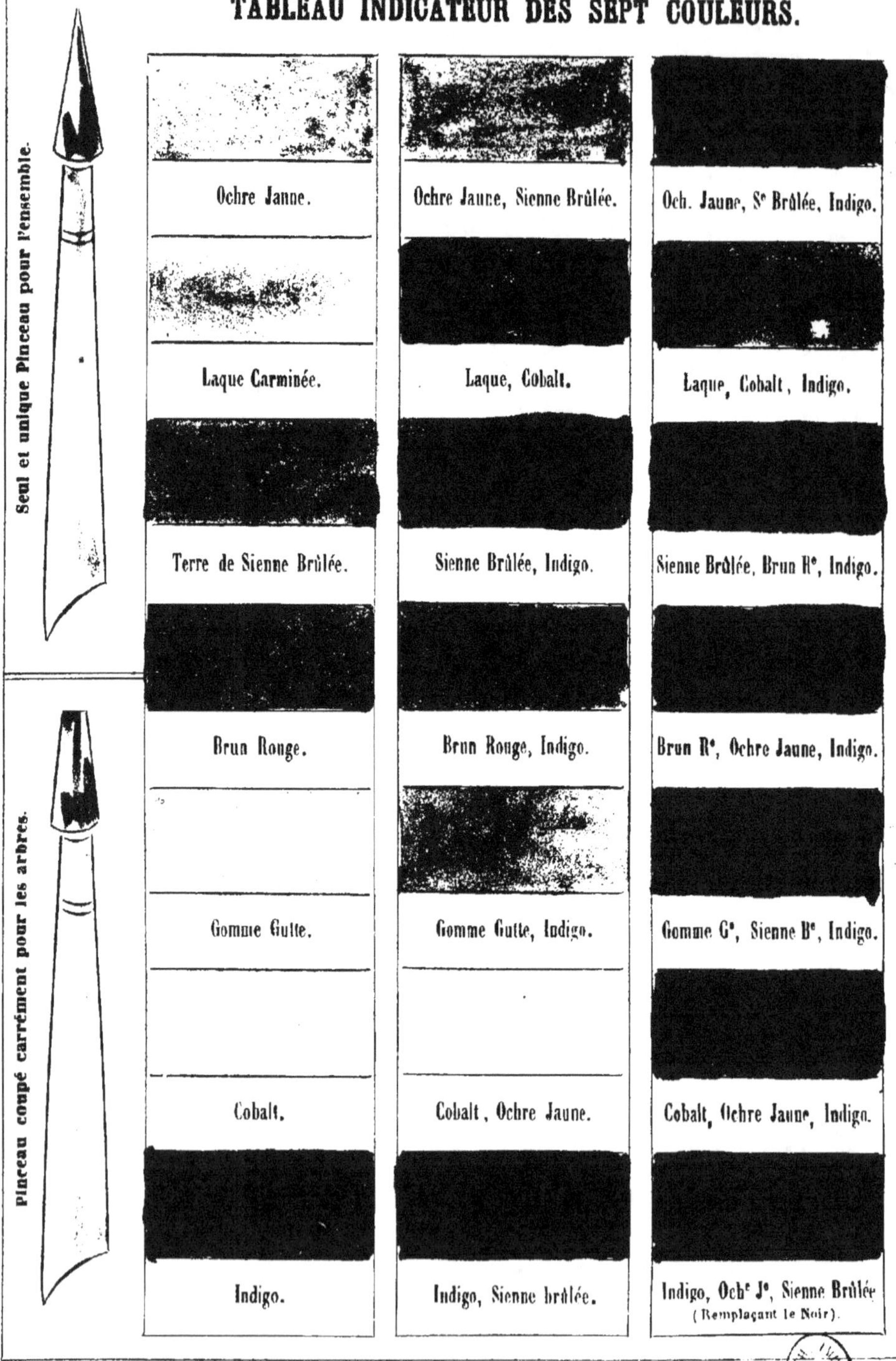

TABLEAU INDICATEUR DES SEPT COULEURS.
Seul et unique Pinceau pour l'ensemble.
Pinceau coupé carrément pour les arbres.
Ochre Janne.
Ochre Jaune, Sienne Brûlée.
Och. Jaune, Se Brûlée, Indigo.
Laque Carminée.
Laque, Cobalt.
Laque, Cobalt, Indigo.
Terre de Sienne Brûlée.
Sienne Brûlée, Indigo.
Sienne Brûlée, Brun R°, Indigo.
Brun Rouge.
Brun Rouge, Indigo.
Brun R°, Ochre Jaune, Indigo.
Gomme Gutte.
Gomme Gutte, Indigo.
Gomme G°, Sienne B°, Indigo.
Cobalt.
Cobalt, Ochre Jaune.
Cobalt, Ochre Jaune, Indigo.
Indigo.
Indigo, Sienne brûlée.
Indigo, Och° J°, Sienne Brûlée
(Remplaçant le Noir).
J. de la Rochenoire, inv , del.

L'AQUARELLE
APPRISE SEUL

AVEC SEPT COULEURS

pour UN franc

OUVRAGE ORNÉ D'UN TABLEAU INDICATEUR ET AUGMENTÉ
D'UN TABLEAU EXPLICATIF DES PLANCHES.

PAR

J. DE LA ROCHENOIRE

Peintre d'histoire, Membre de l'Association des Artistes peintres.
Rédacteur de la Revue des Beaux-Arts, etc.

AUTEUR

DU DESSIN APPRIS SEUL, DU PAYSAGE ET DE L'ORNEMENT APPRIS SEUL

> Quod nusquam est gentium, reperit tamen.
> PLAUTE.

A Paris

Chez { MARTINON, 14, rue de Grenelle St-Honoré, lib.
DURANDIN, 46, Galerie Vivienne, lib.. } Éditeurs

1853

TABLE DES CHAPITRES.

APPENDICE.

CHAPITRE PREMIER.

Qu'est-ce que l'Aquarelle ?

Toutes les méthodes qui ont paru jusqu'à
ce jour ont cru donner une définition sérieuse
de l'aquarelle, en disant au public que le mot
aquarelle, trouvant son étymologie dans le
mot latin *aqua*, signifiait peinture à l'eau ; de
même, je ne sais plus quel auteur apprenait
la manière de faire un arbre, en vous disant
qu'en latin *fagus* signifiait hêtre, et même
qu'il pense comme Virgile et Pline que ce
même mot latin *fagus* provenait du mot grec
fagot. Cet ingénieux auteur ne trouve-t-il pas

1

que ses recherches sont bien naïves. Tâchons de vous expliquer dans ce chapitre, avec le plus de simplicité possible, que l'aquarelle est l'art de rendre les tons de la nature avec les moyens les plus prompts, les moins dispendieux, les plus agréables ; que la peinture nous servant de procédé pour rendre notre pensée, l'aquarelle seule nous permet de faire des chefs-d'œuvre,..... et cela avec sept couleurs.

La couleur est le triomphe de l'art moderne, et les œuvres si riches, si admirables, si parfaites de nos premiers artistes actuels, ont été pour beaucoup dans cet immense progrès. Ayant étudié les maîtres anglais, dont personne n'ignore la supériorité comme aquarellistes, nous avons été à même de faire les recherches les plus sérieuses sur un art qui compte à peine dix années d'existence en France ; les Anglais ont cette supériorité sur nous (et certes nous en avons assez sur eux

pour leur laisser la jouissance de celle-ci),
qu'ils font beaucoup avec rien ; qu'ils n'ont
pas ce défaut, dont nous nous déferons avec
peine, d'être lourds et pâteux ; leurs aquarelles sont d'une légèreté, d'un moelleux in-
définissable ; elles sont lavées franchement,
avec des tons si légers, si bien à leur valeur
tout en conservant leur énergie, que nous ne
pouvons que les envier et chercher à propager
leur procédé. La couleur est de nos jours,
comme nous le disions, cultivée à l'exclusion
du dessin et de l'expression ; est-ce un tort ?
cela est-il préférable ? Chacun le jugera selon
son sentiment. Mais ce que nous pouvons
affirmer, c'est qu'en elle réside les plus gran-
des qualités de l'art, ses plus énergiques
moyens d'action sur l'âme, le cœur, la pensée ; son charme étant matériel et parlant aux
sens, il est donc dépendant du procédé, de
l'exécution, de la difficulté vaincue. C'est
cette difficulté, ce procédé que nous voulons

rendre familier à notre élève, et l'aquarelle remplira notre but.

Nous voulons, à l'aide de sept couleurs, vous l'entendez, et non pas dix-huit ou vingt comme toutes les vieilles routines l'enseignent, mettre l'élève en état de peindre d'après nature, de copier les plus flamboyants vénitiens, lui permettre de créer des chefs-d'œuvre! N'anticipons pas sur nos leçons pratiques et continuons nos quelques aperçus.

Quoique la couleur soit le seul mobile des sens, la partie de la peinture la plus facile à comprendre, nous ferons cependant remarquer que très peu d'individus, et seulement ceux qui s'y seront exercés, seront sensibles aux finesses, aux qualités les plus distinguées, aux charmes les plus séduisants de cette partie de l'art; ce petit livre sera donc indispensable à ceux même qui ne voudraient qu'acquérir les connaissances nécessaires pour en apprécier les beautés : car, qui n'a pas peint soi-même, ignorera toujours une bonne partie des jouissances qui résultent de la perfection du coloris.

Nous avons voulu dans ce troisième volume, puisque le public a accueilli si favorablement nos deux premiers, éviter à une foule de jeunes gens de talent les erreurs funestes dans lesquelles ils se trouvent entraînés par de faux principes, par des ouvrages trop incomplets pour leur faire obtenir un heureux résultat. J'ai assez professé, dans mes précédents ouvrages, mon dégoût pour tout ce qui, dans les beaux-arts, ressemble à une recette, à un procédé, à une méthode exclusive, sans le sentiment uni à tout cela ; je n'ai donc pas besoin de répéter que je prie l'élève de ne pas entendre dans un sens étroit tout ce que je serai obligé de lui enseigner pour le rendre maître du procédé. Si donc je n'ai pas mieux répondu que mes prédécesseurs à cette question : qu'est-ce que l'aquarelle ? je ferai mieux dans les chapitres suivants, je vous l'enseignerai.

———

CHAPITRE II.

**Sept couleurs et une feuille de papier. —
Description des instruments nécessaires.**

Que ferons-nous avec nos sept couleurs et
notre feuille de papier? C'est ce que je vous
apprendrai au chapitre suivant; consacrons
celui-ci à vous indiquer les instruments dont
nous allons avoir besoin.

Des couleurs.

La palette ou tableau indicateur que nous
avons placé en tête de ce volume, se compose des sept principales couleurs, servant

à composer tous les tons de la nature. En dégradant chaque couleur trois fois et en en formant trois tons différents, qui participeront de la couleur-mère, l'élève trouvera autant de différence de tons que s'il embarrassait sa palette d'une couleur inutile, résultat d'un faux mélange opéré par le marchand. A quoi nous servirait, par exemple, une couleur intitulée vert émeraude, si nous pouvons la composer avec du jaune et du bleu? des noirs qui sont toujours mats et font trou, si nous les remplaçons, comme nous le prouvons dans notre tableau indicateur, par un mélange d'indigo, de terre de Sienne brûlée, d'ocre jaune? et ainsi de bien d'autres couleurs.

Concluons, et formons notre palette des couleurs suivantes : ocre jaune, laque carminée, terre de Sienne brûlée, brun rouge, gomme-gutte, cobalt, indigo ; ces sept couleurs multipliées trois fois chacune, nous

donneront vingt-et-un tons différents, ce qui
sera suffisant pour rendre n'importe quel
paysage ; et ces tons auront un avantage
immense, ce sera de n'être jamais faux. En
suivant nos principes, l'élève ne sera pas
embarrassé de composer celui qui lui sera
nécessaire pour rendre chaque partie détail-
lée dans notre tableau explicatif (intercalé
dans l'appendice de ce volume), renfermant
tous les tons réunis dans un paysage quel·
conque.

Les planches que nous *imaginons* et dont
nous enseignons le faire à notre élève, lui
auraient été d'un grand secours, nous ne
nous le dissimulons pas; mais nous avons été
effrayé du prix, et nous avons pensé que
peu d'élèves auraient voulu mettre quinze
francs à une méthode avec planches, quand
ils peuvent faire l'application de nos principes, aidés du tableau explicatif, d'après
toutes les bonnes aquarelles. Nous sommes

heureux d'avoir trouvé, à l'aide de recherches profondes, un procédé simplifiant autant
l'étude de l'aquarelle, et facilitant à tous de
rapides progrès.

Du papier.

Il est de première nécessité d'en avoir de
bon, car de lui dépend la réussite de notre
aquarelle; celui que nous recommandons à
notre élève doit être dur au toucher, avoir
le grain saillant, égal et serré, et surtout sa
qualité dépendra de son collage. Il faut qu'il
puisse être mouillé et lavé autant de fois que
le nécessite le travail, et bien remarquer
qu'il ne boive point la teinte à un endroit
plus qu'à l'autre. Il est connu dans le com-
merce sous le nom de papier torchon, demi-
torchon, et le meilleur, à notre avis, est le
papier anglais Wattmann; c'est le seul qui
supporte l'eau et permette de vaincre les dif-

ficultés que l'on rencontre dans ce genre de
peinture. Avant de commencer notre aquarelle, nous devons le tendre sur le stirator
(châssis en bois dans lequel se trouve encadré
un second châssis, comme il est représenté
dans l'appendice), et c'est en le mouillant
entièrement et l'appliquant de suite sur le
petit châssis s'encadrant dans le grand, que
l'on obtiendra, en laissant sécher le papier
qui, en se tendant, se trouvera au niveau du
second châssis, la surface unie qui nous permettra de passer plusieurs teintes sur notre
papier sans qu'il puisse se détendre; le marchand de couleur qui le vendra, pourra donner des explications à ce sujet. N'oublions
pas un verre d'eau claire nécessaire pour
préparer les tons, aiusi qu'une palette sur
laquelle on étendra les couleurs; et nous
terminerons par le choix de nos pinceaux.

Le pinceau nous est aussi indispensable
que le papier et il est aussi difficile à trouver

qu'un ami ; cependant, en cherchant bien on
en rencontre. Puisque nous avons restreint
le nombre des couleurs, nous avons voulu
aussi limiter le nombre des pinceaux : deux
seront suffisants, l'un pour les teintes géné-
rales, l'autre pour le feuillé ; leurs qualités
sont d'être ventrus, c'est-à-dire d'avoir une
panse assez large pour contenir beaucoup
d'eau ; nous leur voulons, en outre, une
pointe fine mais moelleuse, de l'élasticité,
afin qu'ils se redressent d'eux-mêmes, et
assez amples pour que l'eau reste suspendue
sans que le poids de la goutte émousse la
pointe ; le second sera moins gros et sa
pointe coupée carrément, comme la planche
l'indique : vous voyez que c'est chose rare
qu'un bon pinceau et qu'on doit y tenir quand
on l'a trouvé. Une observation : par amour
des arts, ne vous servez jamais d'un petit
pinceau ; ne cherchez pas à faire du gentil,
mais du grand. Rénumérons nos instruments:

sept couleurs, une feuille de papier, nn stirator, et deux pinceaux ; nos outils ne sont pas nombreux, mais il faut qu'ils soient de premier choix, surtout le papier : comme Français, je proclamerai toujours la supériorité de nos fabriques ; mais dans votre intérêt, élèves, je confesserai tout bas que le papier anglais est le premier de tous ; ainsi sacrifiez tout pour vous porcurer du papier anglais — d'Angleterre.

Nous vous ferons une confidence (en profitant de cet alinéa que peu de gens liront) pour vous dire que les couleurs anglaises de Newmann et de Rowney sont aussi les meilleures ; ceci soit dit entre nous.

CHAPITRE III.

Nous terminerons dans ce chapitre notre méthode du paysage et de l'ornement; le paysage représenté sur l'appendice, nous servira pour apprendre à l'élève à dessiner d'après nature: s'il veut bien se reporter au chapitre VI de notre précédent volume, le Paysage et l'Ornement, il pourra, après avoir étudié celui-ci, obtenir le résultat que nous lui promettions; nous décrirons cette planche comme si elle était dessinée d'après nature, et comme si nous étions en pleine campagne; car ce qui embarrasse le plus devant nature, c'est de trouver convenablement la place et les proportions des objets que l'on veut reproduire. Nous emploierons le même moyen que j'ai indiqué et inventé pour le paysage et l'ornement : je veux dire le carré.

Nous procéderons donc comme si nous devions peindre sur notre esquisse au crayon, en tendant le papier sur le stirator : l'élève commencera par diviser d'avance son papier par le milieu horizontalement et une seconde division semblable perpendiculairement , comme nous l'indiquons dans notre modèle ; les carrés se diviseront une seconde fois pour que l'élève y trouve plus de facilité ; ces divisions étant marquées très légèrement à la mine de plomb, nous nous placerons devant le site que nous voudrons reproduire ; nous engageons à choisir le plus simple possible : un lointain avec un premier plan, quelques arbres et un chemin sur le bord d'une rivière suffiront.

A l'aide d'un petit cadre plat, en cuivre,
semblable à celui dont nous donnons le modèle dans l'appendice, grand de quinze ou
dix-huit centimètres carrés, où seront répétées, en les réduisant, les mêmes divisions
indiquées sur notre papier et échancrées
dans le carré jusqu'à une certaine profon-
deur, il sera facile à l'élève, en présentant ce
châssis à son œil, l'avançant ou le reculant
jusqu'à la distance où il rencontrera, d'un
côté, le premier objet qui doit se trouver
renfermé dans son paysage, de l'autre le
dernier, et continuant, sans déranger la distance de la main qui tient le châssis, il lui
sera facile, dis-je, de trouver, en l'élevant ou
le baissant, la ligne de terre de son tableau.
Ayant les mêmes lignes répétées sur le papier, que celles qu'il imagine dans le carré
en cuivre, il considèrera la place de l'objet
approchant un des points de jonction du
milieu de son paysage et indiquera l'arbre

qui se présentera à la même place dans son dessin et qui en indiquera la forme ; il cherchera ainsi un autre objet du paysage, sur une ligne horizontale ou perpendiculaire, qu'il indiquera comme précédemment, et il continuera cette opération jusqu'à ce qu'il ait trouvé, par comparaison, l'ensemble de son esquisse.

Supposons-nous devant la nature en regardant notre planche : la première chose que nous placerons sera la lettre A, ensuite nous chercherons B, puis C comme donnant la forme de l'arbre qui est la partie principale ; vous apercevez déjà la silhouette du paysage. En cherchant les lettres D et E nous obtiendrons le trait des montagnes et des terrains, et une fois cette silhouette trouvée, nous n'aurons plus à nous occuper que de détails de peu d'importance, La ligne de terre du châssis est d'un grand secours pour faire sentir l'inclinaison et le mouvement des autres, elle nous permettra de trouver sans peine la ligne de la rivière, et même, il serait peut-être indispensable de commencer par celle-là.

L'esquisse de notre vue terminée, ou plutôt mise en place, nous indiquerons légèrement les lointains, puis le second plan un peu plus vigoureusement, et nous accentuerons avec énergie les objets qui seront sur le premier : nous renvoyons notre élève à nos volumes précédents où il se rendra compte de la manière de comprendre l'ombre et la lumière. Une dernière réflexion : La plupart des peintres ne réfléchissent pas assez sur l'importance que l'on doit donner au point de vue, et c'est un tort ; il doit être généralement placé le plus bas possible, à peu près au premier tiers à partir de la ligne de terre, où si vous aimez mieux, du bas du tableau. Il ne nous reste plus, pour finir notre paysage, qu'à placer légèrement nos valeurs de tons à la sépia comme on le ferait en dessinant ; nous avons préféré masser avec ce ton, et obtenir en même temps le dessin et la valeur, que de vous faire perdre un temps précieux à vous servir du crayon.

Voilà, si je ne me trompe, un chapitre pratique, et si je m'abandonne quelquefois à faire de la fantaisie, comme quelques critiques m'en ont accusé, l'aridité de celui-ci me fera absoudre des autres.

CHAPITRE IV.

**Facilité de la deuxième planche, manière
de peindre les murailles, troncs d'arbres,
chemins, rochers, etc.**

Le pinceau va donc remplacer le crayon !
ne vous effrayez pas, élèves ; maîtres de votre
dessin, la couleur vous embarrassera fort
peu.

Partout où il y a couleur, la lumière existe ;
et quoique ces deux choses soient distinctes,
pour notre esprit du moins, elles se confon-
dent en une seule dans l'imitation ; car, quand
nous peignons, nous imitons sans nous en
douter, et la lumière et la couleur ; je ne
m'étendrai pas davantage sur ces réflexions

et j'*imaginerai* de suite notre deuxième planche. Ces planches *imaginaires* se suivront progressivement et nous arriverons , sans nous en être aperçus, à un résultat complet, à avoir appris l'aquarelle en sept leçons. Nous allons donc nous occuper dans celle-ci des choses les plus faciles à rendre, des troncs d'arbres, murailles, rochers, chemins, etc. Notre palette composée des sept couleurs indiquées précédemment, nous esquisserons sur notre papier le trait du dessin que nous allons copier; puis, nous préparerons avec le gros pinceau un ton général de cobalt, d'une teinte très légère (indiqué sous les n. 1 et suivants de l'appendice, au tableau indicateur des planches), qui nous servira pour le ciel. Le ton le plus clair des troncs d'arbres sera composé : l'un d'un ton de laque et d'indigo, très légèrement teinté, (n. 2); l'autre, d'un ton d'ocre jaune de la même valeur (n. 3); nous profiterons de no-

tre ton d'indigo et de laque pour ébaucher
en même temps notre vieille muraille; le chemin s'indiquera avec la même valeur de ton
que nos arbres (n. 3); ainsi que les deux rochers qui sont près du mur (n. 4).

Vous voyez déjà l'élève moins embarrassé
que s'il voulait terminer chaque partie séparément, et obtenir un résultat d'ensemble, de
couleur, dont il lui eût été difficile de se rendre maître sans ce procédé si simple: encore
une teinte et nous aurons presque atteint
notre effet, ou si vous l'aimez mieux, vous
aurez massé chaque partie. Règle générale:
dans l'aquarelle, on procède toujours de la
teinte la plus claire à la plus vigoureuse; au
lieu que dans la peinture à l'huile, on attaque
vigoureusement en ménageant les parties
lumineuses.

Notre teinte sèche, nous finirons les troncs
d'arbres n. 1 et n. 2 avec de la terre de
Sienne brûlée, de l'indigo et de la laque, ainsi

que nous l'avons indiqué au n. 5, avec le mélange desquels nous obtiendrons le ton de
l'ombre ; (nous le poserons dans le sens de
l'écorce, car c'est une remarque à faire, qu'il
faut toujours peindre dans la même direction
que l'objet que l'on veut reproduire) ; ce même
ton nous servira pour les pierres du mur, et
en y ajoutant un peu de Sienne brûlée, comme
au (n. 6), les rochers prendront leur ton ainsi
que les sinuosités du chemin. Je ne cherche
pas, comme vous le voyez, à embarrasser
l'esprit de l'élève, et le voilà convaincu qu'a-
vec deux valeurs de tons, il a obtenu la forme
et la couleur de chaque objet qu'il a voulu
reproduire. Nos arbres se termineront avec
quelques touches plus vigoureuses du même
ton dont nous nous sommes déjà servis ; notre mur avec celui indiqué pour l'ébauche,
également plus vigoureux ; il en sera de même
pour nos rochers et les inégalités du chemin.

Cette description d'un paysage que vous

pouvez composer à votre goût, sera applicable à tous.

Remarquez bien que nous copions, et que la nature me permettra de vous donner des notions beaucoup plus étendues ; mais, ce que je vous recommanderai, ce qui vous sera indispensable, c'est que dans l'ensemble de vos aquarelles la valeur relative des tons soit toujours cherchée, étudiée, approfondie ; sans cette qualité, vos œuvres ne seront qu'un passe-temps frivole et vous ne pourrez arriver à la perfection. Ne vous éloignez jamais de cet axiome : Le génie du coloriste repose sur la valeur relative des tons.

CHAPITRE V.

Plus d'un peintre ne trouvera peut-être pas
mes idées à son goût; je m'y attends, puisque moi-même j'ai toujours envisagé les ten-
dances du maître comme contraires au dé-
veloppement des progrès de l'élève. Si donc
elles ne sont pas adoptées par tous et que
je sois vaincu, j'aurai toujours la conso-
lation d'avoir combattu; et si quelques-uns
ne les trouvent pas justes, je leur saurai gré
d'en démontrer le côté faible; car, si les
principes qui constituent la philosophie de

l'art nous sont étrangers, nous sommes plutôt ouvriers que réellement artistes. Le temps des Léonard de Vinci, des Gérard de Lairesse, du Poussin, était bien différent ; ils menaient de front l'art et la philosophie de l'art, et leurs écrits sont une preuve que beaucoup de questions, dont nous faisons bien peu de cas aujourd'hui et qui sont plutôt abandonnées que résolues, étaient vivantes parmi ces artistes.

Nous avons, dans notre précédent volume chapitre II, posé la question : savoir si le but de la peinture était l'exacte copie, l'imitation servile, ou l'interprétation de la nature? Nous allons tâcher de prouver au public, contre tous les systèmes reçus, que la peinture est non pas un mode d'imitation, mais de création : le public, surtout dans ce temps-ci et malgré le progrès des lumières, s'élève rarement au-dessus de l'idée que le comble de l'art est la perfection de l'imitation maté-

rielle; il admet bien que le peintre puisse
représenter des fictions, qu'il choisisse, qu'il
compose des sujets à son gré; quant au mérite artistique de l'œuvre, il le mesure inva-
riablement d'après le degré de ressemblance
matérielle qu'il suppose exister entre ces
objets et les objets réels dont ils sont la représentation ; et non-seulement il voit là le
but de l'art, mais il est persuadé que là seul
réside la difficulté; et non-seulement c'est là
qu'il voit la difficulté, mais il lui arrive cons-
tamment d'en être émerveillé, et de là il
conclut en assimilant la difficulté au vrai!
Avons-nous donc quelquefois tort de nous
plaindre de ce bon public..... tâchons en
quelques lignes de le désabuser, car, si son
opinion fait loi, il est le premier quand il se
trompe à reconnaître ses torts.

Si la stricte imitation de la nature était le
but de l'art, le plus haut degré que l'on pourrait atteindre serait le trompe-l'œil ; et alors,

pourquoi le moindre croquis d'un peintre fameux l'emporte-t-il en mérite sur le plus beau trompe-l'œil... Pourquoi un Ruysdaël est-il supérieur à tous les cosmoramas, les dioramas, les navaloramas du monde? C'est ce que les initiés comprennent, c'est ce dont ils ont le sentiment ; et malgré cela, beaucoup d'artistes, pensant le louer dignement, diront placés en face d'un Ruysdaël : C'est la nature même!!! Non, artistes, c'est le diorama, le navalorama, le trompe-l'œil qui est la nature même ; le Ruysdaël c'est autre chose et plus, c'est le grand maître, l'artiste créateur.

Tous ces demi-dieux de la peinture copiaient-ils la nature, l'un dans la ligne, l'autre dans la couleur, et n'y devinaient-ils pas ce sens qu'elle-même ignore! Imitaient-ils ces Michel-Ange, ces Raphaël, ces Titien, ou plutôt n'étaient-ils pas maîtres et créateurs! Croyez-vous, artistes qui cherchez la réalité positive, que c'est en nous montrant la sim-

ple copie d'une scène que nos yeux eussent
à peine remarquée, que ces grands maîtres
nous font ressentir avec tant de puissance ce
pur et rare enivrement où notre âme se plonge
en face de leurs toiles, où elle s'inonde d'ad-
miration et de poésie! Plaute l'a bien défini
ce sentiment exquis dont nous sommes eni-
vrés quand il nous dit : *Quod nusquam est
gentium, reperit tamen...* ce qui peut se tra-
duire ainsi : Le poète cherche ce qui n'existe
nulle part, cependant il le trouve.

Malheureusement, chers élèves, avant d'arriver à rendre poétiquement notre pensée,
nous devons nous rendre intime le procédé,
car il nous tient enchaînés; mais, quoique
nous soyons obligés de nous servir de pro-
cédés plus directement imitatifs que pour la
poésie et la musique, nous n'en sommes pas
moins, quant à la nature de l'imitation, sur
le même pied que tous les arts.

Pardonne-moi, public, je t'ai soustrait un

chapitre que tu eusses peut-être préféré pratique;... il arrive un moment où la pensée vous tue et malgré soi elle vous échappe.

CHAPITRE VI.

**La troisième planche devient nécessaire.
L'élève apprend à peindre les ciels, montagnes, lointains, eaux, arbres, etc.**

Nous avons omis, dans nos chapitres précédents, une remarque que nous ne devons
pas oublier; et il est essentiel que nous expliquions à nos élèves le motif de l'absence de la couleur blanche dans notre
tableau indicateur : la routine a toujours
entraîné, jusqu'à présent, les auteurs des
méthodes antérieures à celle-ci, à mettre
cette couleur sur leur palette; à quoi bon
continuer ce faux système..... Le papier est-
il trop lumineux pour le ternir et l'empâter

d'une couleur opaque : sachez-le tous, élèves, la science de l'aquarelle est de ménager les lumières et de réserver le papier; de les conserver franches jusqu'à ce que le dessin soit terminé ; cette couleur mate appliquée sur le papier, effrayait tellement les Hollandais, qui jadis étaient les premiers amateurs, que les ventes publiques se faisaient autant que possible à la lumière, afin de vérifier, par ce moyen, leur doute, en y présentant l'aquarelle vue par derrière. Ne voulant rien omettre qui puisse être utile à notre élève, nous lui dirons, en même temps, que le noir ne s'emploie jamais et qu'on le remplace comme nous l'avons indiqué.

Arrivons à la description de notre troisième planche et continuons à étudier la valeur des tons de chaque objet et la manière de les composer : nous commencerons par le ciel le plus simple possible, sans nuages et matinal, en préparant un ton très léger

(3ᵐᵉ planche; nᵒ 1 et suivants du tableau explicatif) de cobalt mélangé d'un peu de laque, et avant d'arriver au contour des montagnes on étendra très légèrement une teinte d'ocre jaune mouillée de beaucoup d'eau qu'on fondra avec la teinte de cobalt; l'élève observera qu'il faut toujours, à mesure qu'il peint un ciel, une quantité suffisante de la même teinte afin d'éviter les taches. Règle générale : lorsqu'on a posé la teinte du ciel, on ne doit jamais y revenir, ni la retoucher quand elle est mouillée, car une seule goutte d'eau, ou un seul coup de pinceau, feraient tache et détruiraient l'unité du ton ; si la première teinte du ciel ne se trouvait pas assez lumineuse, on pourrait en étendre une seconde d'ocre jaune bien légère pour éclairer l'horizon. Nous nous servirons du même ton, et nous le passerons sur l'ensemble de la montagne de notre second plan (nᵒ 2) ainsi que sur l'arbre et le chemin.

Vous voyez qu'avec deux tons nous avons déjà le ton local de notre aquarelle; nous n'aurons plus pour finir les lointains qu'à en composer un très léger de laque et d'indigo, et avec lequel nous dessinerons largement les masses ainsi que l'ombre portée du du rivage du dernier plan; nous nous servirons également du même ton pour ébaucher les arbres du deuxième plan; les masses d'ombre des rochers les plus rapprochés (n° 3) s'obtiendront avec de l'ocre jaune, cobalt et Sienne brûlée, mélangés de beaucoup d'eau, en profitant de ce ton pour indiquer les parties accentuées du chemin et des pierres; les parties massées des arbres du lointain (n° 4) se feront avec le même ton indiqué pour les lointains, d'une valeur plus solide; ce même ton nous servira pour l'ombre portée dans l'eau, et en y ajoutant un peu d'ocre jaune et d'indigo, nous masserons les arbres (n° 5) qui se trouvent au bas des rochers du deuxième plan ; nous indiquerons aussi leur leur ombre portée dans l'eau ; ce qui me conduit à vous dire que l'ombre d'un corps quelconque *portée dans l'eau* doit être de la même couleur que l'objet qu'elle réfléchit ; ces masses d'arbres se termineront avec quelques touches de terre de Sienne brûlée, d'indigo et d'ocre jaune, mélangés ensemble ; et nous servant du même ton pour l'arbre du premier plan (n° 6) nous y ferons dominer la terre de Sienne brûlée. Notre aquarelle se terminera par l'indication des vigueurs du premier plan, c'est-à-dire du chemin, des pierres et de l'arbre, avec un ton composé d'indigo, de Sienne brûlée et de laque, pour former l'ombre des pierres, de l'arbre, ainsi que les crevasses du chemin.

Voilà notre aquarelle terminée avec deux tons généraux pour l'ensemble, deux plus solides pour les masses et un troisième pour les parties vigoureuses ; ce procédé est si simple que nous sommes convaincu que l'élève ne pourra qu'obtenir un heureux résultat. Quelle différence de nos sept couleurs et de la simplicité de notre travail avec ces méthodes qui chargent l'imagination de dix-huit, quelquefois vingt-cinq couleurs ; le public s'est aussi aperçu de la différence qui existe entre notre livre et ceux qui ont paru antérieurement, car nous n'avons qu'à nous louer de son empressement à nous encourager ; espérons que celui-ci aura autant de succès que ses aînés.

CHAPITRE VII.

La quatrième encore plus. Manière d'enlever, de ménager les clairs des ciels, de dégrader la couleur des arbres selon leur plan ainsi que des terrains, et la différence de chaque touche.

Dans un paysage, le ciel répand une teinte générale sur les objets : la vapeur de l'atmosphère se distingue au loin, tandis que près de nous son effet étant moins sensible, chaque objet garde toute sa force, et toute la variété de ses couleurs se ressent moins de la teinte vaporeuse de l'atmosphère et du ciel ; au loin, toutes les nuances s'effacent, s'éteignent, et la distance qui produit cette

confusion, cette monotonie, rend tous les
tons grisâtres, bleuâtres, rougeâtres, selon
l'effet et la lumière du soleil ; l'élève doit chercher à étudier, à sentir les effets de la lumière et de l'ombre dans les campagnes, dans
les forêts, dans les villages, le jour, la nuit,
à toute heure ; car, s'il ne cherche pas à approfondir cette science de l'effet, il pourra
difficilement se placer au premier rang. Nous
abandonnons dans ce chapitre toute théorie,
pour ne nous occuper que du procédé ; nous
serons même obligé pour être plus succinct,
de mettre en tête de chaque alinéa les différentes parties de la quatrième planche que
nous *imaginons* et dont nous allons décrire
les principes.

Ciel.

La partie supérieure du ciel (quatrième
planche, n°s 1 et suivants du tableau explicatif, appendice.) s'ébauchera avec le bleu de

cobalt pur que nous conduirons avec adresse,
en ménageant les clairs qui s'obtiendront
avec le papier; cette valeur posée, nous for-
merons un ton d'indigo et de brun rouge,
aussi léger que nous le pourrons (n° 2), et
nous l'étendrons sur le papier en conservant
le dessin du nuage indiqué sur la partie in-
férieure du ciel; nous le passerons également
ment sur la masse des arbres des lointains;
cette teinte sèche, nous en étendrons une
seconde, plus solide et du même ton, avec
laquelle nous indiquerons les nuages les plus
vigoureux; notre ciel terminé, nous dessinerons avec un pinceau et de l'eau blanche
les clairs que nous voulons enlever dans les
nuages inférieurs, et à l'aide d'un chiffon
blanc, dont nous recouvrirons notre doigt,
nous frotterons légèrement la partie imbibée
d'eau afin d'obtenir nos lumières : une troisième manière d'enlever les lumières dans
le ciel est de prendre un pinceau sec, et, pen-

dant que la teinte dans laquelle vous voulez trouver vos clairs est humide, d'y appliquer le pinceau que vous tenez et d'y dessiner ceux que vous voulez obtenir ; le pinceau sec, pompant l'eau, vous fera retrouver votre papier blanc. Je ferai remarquer que je suis obligé de procéder un peu méthodiquement, et que la planche *imaginée* que j'explique, n'est qu'un moyen indirect pour l'application générale de mes principes. J'en étais au ciel, je crois, et je faisais remarquer les différentes manières d'opérer ; je continuerai ainsi jusqu'à ce que j'aie démontré chaque partie séparément.

Arbres.

Le premier plan des arbres (n° 3), c'est-à-dire les plus rapprochés du spectateur, s'ébaucheront avec un ton d'indigo, de terre de Sienne brûlée et de gomme-gutte, que nous appliquerons en conservant leur forme extérieure; ceux du second plan (n° 4) ayant, comme nous l'avons fait remarquer au commencement de ce chapitre, une intensité de ton moins forte, s'obtiendront avec de l'indigo, de la gomme-gutte et très peu de terre de Sienne brûlée; les arbres du troisième plan (n° 5), en nous servant d'indigo, de brun rouge et de laque carminée; le quatrième plan (n° 6) se confondra avec le ciel en en composant le ton d'indigo et de brun rouge. Nous pouvons affirmer, et nous en avons la certitude, qu'avec cette gamme de tons pour les arbres, tout élève peut obtenir un résultat toujours heureux; car la nature, quoique avec des effets variés, ne sort pas d'une certaine similitude de tons, et ceux que nous indiquons peuvent entrer dans toutes les compositions. Nous pourrions encore ajouter, que souvent on obtient de très bonnes valeurs pour les arbres du premier plan avec le mélange des couleurs suivantes :

1° indigo et terre de Sienne brûlée ; 2° indigo et laque carminée ; 3° indigo, Sienne brûlée, laque carminée ; 4° indigo, laque, gomme-gutte, etc. Tout ceci n'est que pour l'acquit de notre conscience, et nous engageons l'élève à s'en tenir à ceux de notre tableau explicatif. Avec quelques touches vigoureuses, du ton respectif de chaque arbre, on indiquera les masses ; puis à l'aide d'un pinceau imbibé d'eau clair, une fois l'ensemble bien sec, on dessinera la forme exacte de la partie éclairée, comme nous l'avons fait dans notre ciel, et avec un chiffon on l'enlèvera ; les troncs d'arbres et les branches dans l'ombre s'obtiendront de la même manière : reste les terrains et leurs différents plans ou couches ; en les décrivant ébauchés, nous aurons plus de facilité à en faire comprendre le ton.

Terrains.

Le premier plan (n° 7) se composera d'un

mélange de terre de Sienne brûlée, d'indigo
et de gomme-gutte ; le second (nᵒ 8) d'ocre
jaune, d'indigo et fort peu de terre de Sienne
brûlée ; le troisième (nᵒ 9) de laque carminée, de gomme-gutte légèrement teintée d'indigo ; le quatrième (nᵒ 10) de gomme-gutte
et de laque carminée ; le cinquième se confondra avec les lointains et le ciel, et prendra
le même ton ; nous vous avons indiqué précédemment les couleurs dont vous devez
vous servir pour le chemin et nous vous y
renvoyons ; seulement, comme nous avons
un accident de terrain qui se trouve au premier plan, dans l'ombre, vous l'obtiendrez,
en passant sur l'ensemble de l'ébauche, un
ton composé d'ocre jaune, de cobalt et de
laque carminée ; toutes les vigueurs qui exis-
tent dans votre aquarelle seront touchées
avec un ton respectif, plus vigoureux, corres-
pondant à chacune d'elles.

J'ai donc fini ce chapitre, et en quatre

pages je vous ai donné un procédé que beaucoup de maîtres , dans de volumineux ouvrages , ont tant de peine à inculquer aux
élèves. Courage, avec de l'application et une
ferme volonté, je suis persuadé que tous sur-
monteront des difficultés qu'on s'est plu à
exagérer; quant à nous, nous continuerons à
exterminer les faux principes auxquels nous
sommes enchaînés depuis tant d'années par
une routine stupide.

Dans notre prochaine planche , nous *sup-
poserons* un intérieur et nous nous rendrons
compte de l'ombre et de la lumière ; en l'at-
tendant nous prendrons un instant de repos.

CHAPITRE VIII.

Un instant de repos.

Un livre qui est incompréhensible au plus
grand nombre est vicieux, surtout s'il est
inintelligible pour un homme de bon sens
tout court ; il faut avant tout qu'il soit simple
et clair, qu'il n'embarrasse aucunement l'esprit de l'élève ; le sujet d'un livre tel que
celui-ci était d'autant plus ingrat, que je le
présentais au public comme pratique, et que
ce mot envisagé vulgairement, défend d'a-
jouter dans ces sortes de livres autre chose
que le mécanisme le plus vulgaire ; serais-je
récompensé de la hardiesse de mes ré-

flexions... J'ose l'espérer, puisqu'on achète
mes livres; cependant, j'ai encore tant de
choses à dire qui s'éloignent de la route bat-
tue, que je réclame l'indulgence des lecteurs
récalcitrants aux idées nouvelles; il en est
peu, je veux. bien le croire, qui ne cherchent
à marcher avec le progrès. mais enfin je
veux être bien avec tous.

Nous causerons de notre prochaine planche et nous tâcherons de mettre en évi-
dence : que d'un sujet peu intéressant par
lui-même, peut naître une délicieuse scène
de poésie. On me dira qu'il y a des sujets
ingrats, c'est faux : tout sujet tire sa poésie
de l'artiste qui le rend et non de lui-même, et
tout sujet est ingrat pour l'artiste médiocre;
tout sujet est ingrat pour une tête stérile...
Pensez-vous qu'un singe qui tient un miroir
ou qui est habillé en marquis soit bien intéressant? Ce sont cependant des plus belles
choses d'un artiste moderne que tout le

monde connaît... N'y voit-on pas l'orgueil et le fol amour-propre de notre pauvre humanité... Et notre célèbre peintre ne s'est-il pas servi, pour nous donner une leçon, d'un moyen on ne peut plus trivial.... Vous voyez donc que c'est l'artiste qui crée ; que c'est lui qui vous inspire ce sentiment profond du beau, et que la plus simple idée bien conçue peut exercer son despotisme sur tous.

Je voudrais, pendant que j'ai un instant de repos, causer un peu à l'aise, instruire mon élève sur des questions bien simples et qui pourraient quelquefois l'embarrasser : je viens de lui montrer que l'importance du sujet est peu de chose, je terminerai ce chapitre en combattant cette affreuse routine qui tient toujours à classer les peintres.

Nous avons, comme nous avons toujours eu, des peintres de genre, des peintres d'histoire ; dans les premiers, on classe indistinctement ceux qui peignent les fleurs, les fruits,

les animaux, le paysage, et en général ceux
qui empruntent leurs scènes de la vie com-
mune et domestique; Téniers, Chardin,
Greuse, Joseph Vernet même, sont des peintres de genre ; les autres doivent, de temps
immémorial, nous montrer les actions héroïques de tous les âges : Brutus, César, Au-
guste, Louis XIV même habillé en Hercule ;
je me demande, à part moi, l'effet que pro-
duiraient ces tableaux à tous ces héros s'ils
ressuscitaient, et je suis persuadé qu'ils auraient bien de la peine à se reconnaître, et
que placés devant les tableaux d'histoire re-
présentant leurs actions héroïques, ils se de-
manderaient infailliblement : qui sont ces
gens-là ?.. Cela signifie, sans chercher à faire
de phrases, que la peinture d'histoire demande ce que peu de personnes ou point
peuvent lui donner, c'est-à-dire plus d'éléva-
tion d'idées, une poésie à la hauteur du sujet ; et que le style grand et sublime n'ayant

pas de modèle en nature, doit trouver, pour le rendre, un artiste d'une grande originalité, d'un talent immense !

Encore le grand peintre d'histoire serait-il aussi sublime en choisissant un sujet moins terrible : Homère est-il moins grand poète quand il chante des grenouilles que lorsqu'il rougit les flots du Simoïs et du Xanthe?...

La peinture de genre, elle, ne vit que de poésie, puisqu'elle est réduite aux scènes souvent communes, aux ustensiles de ménage, à quelques broussailles entourant une chaumière ; et que, malgré tous les ressources de l'art, elle ne peut se pratiquer sans une étincelle de génie... D'où je conclus, qu'il est aussi difficile d'être et de trouver un bon peintre de genre, qu'un grand peintre d'histoire ; de là, l'incertitude de succès de toute œuvre de génie ; le peintre (dans ce modeste *genre*), fait tout de rien ; — on ne peut l'apprécier qu'en le comparant à la nature ; et qui saura remonter jusque-là?... Un autre homme de génie.

Nous avons abusé de notre instant de repos; continuons nos leçons pratiques en copiant notre cinquième planche.

CHAPITRE IX.

Il faut certes autant de génie pour savoir combiner l'usage des lumières et des ombres, la relation d'un ton avec un autre, bref, de pouvoir rendre un effet, que de savoir dessiner correctement une figure ; le dessin, qui demande tant de travail pour l'acquérir, ne consiste, pour ainsi dire, que dans une habitude de mesures et de contours que l'on répète souvent ; mais le clair-obscur, l'effet et la valeur relative des tons, ne s'acquièrent que par un raisonnement continuel. J'avoue que j'entends ici par le mot *dessin*, la partie matérielle qui, à l'aide de mesures justes, donne la forme régulière de tous les objets ; mais je suis convaincu qu'il n'y a qu'un vrai coloriste qui puisse donner du sentiment à la forme, tout en la maintenant exacte.

Une partie de *l'intérieur de cour* que nous allons faire copier à notre élève, se trouvant dans l'ombre, nous donnera la facilité de placer quelques observations, et de nous occuper du clair-obscur. C'est une des parties les plus difficiles de l'art, qui n'est réglée par aucune loi et presque inexplicable ; chacun des reflets participe, non seulement de la lumière des objets environnants, mais aussi de leur couleur locale ; ainsi sur la vigne que nous supposons suspendue sur le puits, le reflet arrivera verdâtre et se confondra aussi avec celui du mur qui est rougeâtre ; car, quoique le reflet de cette pierre dans l'ombre se trouve d'un ton chaud, celui des pierres du puits se trouvera gris bleuâtre, car chacun des reflets modifiera la couleur réelle de de l'objet même.

Les peintres actuels cherchent beaucoup le clair-obscur, et ils ont raison ; peu de ressources sont aussi nécessaires pour donner du charme, de la vérité à la représentation des objets ; la lumière ne s'acquiert véritablement qu'à l'aide du clair-obscur, et sans lui l'art est impuissant à la rendre. Je vous le répète encore : quel rapport y a-t-il entre le blanc de votre palette et la lumière du soleil?... Ce blanc que vous croyez si brillant devient terne et lourd en comparaison de la lumière, et si vous ne vous aidez de ces reflets lumineux dont Rembrandt savait si bien le secret, votre œuvre reste sans vie. Dans un intérieur, c'est une qualité première ; dans un paysage, c'est une ressource importante : c'est ce motif qui nous a porté à prendre un parti d'ombre et de lumière dans la planche que nous allons décrire ; nous recommandons expressément à notre élève de bien ménager la lumière et d'y conserver le papier *blanc* jusqu'à la fin.

Notre dessin bien arrêté, nous passerons un ton léger d'ocre jaune sur toute la surface de notre mur (cinquième planche, n° 1 et suivants), sur la partie lumineuse du puits, — sur le terrain (n° 2) un ton aussi léger de Sienne brûlée et de cobalt, (très peu de Sienne brûlée) ; ce ton, en y ajoutant un peu de brun-rouge, nous servira pour indiquer l'ombre portée sur le mur, le toit, le puits et la porte (n° 3) ; nous ébaucherons avec un ton de gomme-gutte, d'indigo et de laque la forme entière de la vigne ; et un autre de brun-rouge et de cobalt nous servira pour indiquer les parties vigoureuses du mur, les seaux, le balai et le morceau de bois soutenant la vigne (n° 5). Voilà, sans nous en douter, notre effet arrêté ; nous commencerons toujours ainsi, sans nous inquiéter des détails.

Notre ensemble trouvé, nous superposerons sur le mur un ton léger de brunrouge et d'ocre jaune dont nous nous servirons pour l'indication des briques (n° 6) qui se trouvent à découvert; et nous l'emploierons un peu plus vigoureux, pour obtenir les tuiles formant la couverture, ainsi que les briques se trouvant dans l'ombre portée sur le mur. Notre vigne (n° 7) se massera avec le même ton déjà indiqué, en le tenant un peu plus vigoureux et plus soutenu de Sienne brûlée; le reflet général du mur participera de la couleur de la vigne, comme nous venons de le dire, et s'indiquera par conséquent, de même. Les parties vigoureuses de la porte (n° 8) sont composées de Sienne brûlée, cobalt et ocre jaune; ce ton servira pour le morceau de bois soutenant la vigne et la partie du puits qui se trouve

dans l'ombre ; le terrain et tous ses accessoires pourront se rendre avec le même ton.
Nous n'aurons plus, pour terminer , qu'à
donner les vigueurs à chaque objet avec son
ton respectif, et nous aurons obtenu notre
effet avec trois teintes superposées.

Nous avons voulu faire comprendre, à l'aide
du tableau indicateur qui se trouve en tête de
ce volume, que sept couleurs dégradées trois
fois chacune, et malgré cela conservant leur
ton local, sont suffisantes pour rendre l'effet
le plus compliqué.

Aurons-nous réussi à faire adopter nos
idées ?.... C'est ce que le public et l'avenir
nous apprendront.

CHAPITRE X.

La sixième planche n'embarrasse plus l'élève. Sans l'aide d'aucun maître il sait peindre d'après nature.

Nous avons enseigné au chapitre III la manière de dessiner d'après nature ; nous ne nous répéterons pas et nous y renverrons notre élève. Après avoir préparé le dessin de l'aquarelle que l'on veut peindre d'après nature, on procédera comme nous allons le démontrer. Nous aurions cherché à donner au public , en publiant les aquarelles de cet ouvrage, plutôt de bons que de gentils dessins ; nous le répétons : il est plus utile

de copier des modèles formés de teintes
tranchées, heurtées même, que de perdre
son temps en voulant imiter ceux qui ne
sont que de tristes enluminures , et dont
chaque ton est perdu par une afféterie de
métier. L'harmonie et la finesse s'acquièrent
avec l'expérience, et souvent trop vite : je
dois vous dire que ce qui fait le prix d'une
peinture est plutôt la franchise du ton que
la mignardise du faire. Règle générale :
pour qu'un modèle soit utile à l'élève, et je
l'engage à n'en jamais copier d'autres, il le
faut prendre à l'état d'ébauche, afin de pouvoir toujours se rendre compte de la super-
position des tons : on est toujours porté à
trop finir. Que l'on ne soit donc pas étonné
de la valeur et de la franchise de ceux du
tableau explicatif ; je ne les ai si durement
tranchés que pour laisser voir distinctement
chaque teinte ; car vous remarquerez que
c'est à l'aide de sept couleurs et de sept

leçons, que je veux vous démontrer l'aquarelle : suivez mes conseils, étudiez ma septième planche, et vous serez capables d'obtenir les résultats les plus positifs, les dessins les plus complets. Les moyens que nous allons employer seront les mêmes que précédemment, et vous aurez d'autant plus de facilité que vous aurez étudié et *relu* le chapitre précédent. En principe, on place toujours les teintes les plus claires les premières, et on arrive progressivement à terminer avec les plus vigoureuses en les superposant les unes sur les autres, et réservant pour la fin les touches de sentiment, ou si vous comprenez mieux ainsi, les vigueurs qui doivent donner le caractère à votre œuvre.

Notre trait bien indiqué au crayon, nous commencerons par laver le ciel (sixième planche, n° 1 et suivants du tableau explicatif) avec un pinceau bien imbibé d'eau, en y mélant une légère teinte de cobalt, nous *ménagerons* nos clairs ; un ton nuancé (n° 2) un peu plus vigoureux comme valeur que notre ciel, puisque les arbres se détachent en vigueur, composé de Sienne brûlée, de laque et d'un peu d'indigo, nous servira, en l'étendant sur la masse des arbres, à en obtenir la couleur ; notre chaumière (n° 3) pourra s'ébaucher du même ton, en retranchant l'indigo ; et les terrains (n° 4) d'un ton de gomme-gutte et de cobalt, d'une valeur plus claire que celle des arbres. Terminons l'ébauche en indiquant l'eau reflétant le terrain (n° 5) avec un mélange de Sienne brûlée, de gomme-gutte et de cobalt, car le reflet est toujours aussi vigoureux et même plus que l'objet qu'il reflète ; le chemin (n° 6) s'obtiendra en passant un ton général bien léger d'ocre jaune et de laque.

Voilà donc notre ton local et nos plans nécessaires obtenus, si ces tons sont justes de valeur. Remarquez bien l'observation que je vais vous faire, et ne vous en éloignez jamais : la valeur du ciel sera pour vous le diapason que vous devrez suivre, votre point de départ ; s'il est vigoureux, mouvementé, l'effet de votre paysage sera semblable, puisque le ciel vous procurera des accidents de lumière ; s'il est calme, l'effet sera simple ; s'il est rouge, une teinte pareille se reflétera sur tous les objets ; s'il est bleu, l'ensemble sera vert, et ainsi de suite. En s'éloignant, chaque objet perdra de la force de sa couleur primitive, et les plans éloignés seront bien moins vigoureux que les premiers.

Notre première teinte sèche nous servira pour la lumière de chaque objet, et une seconde du même ton, superposée, mais plus vigoureuse, nous fera obtenir la partie des arbres se trouvant dans la demi-teinte et nous permettra d'en dessiner la forme. Pour la chaumière, nous agirons de même, et pour l'herbe et l'eau (n° 7) nous emploierons un ton d'indigo et de gomme-gutte, en accusant avec le même ton les parties qui se trouveront dans l'ombre portée sur la mare; avec une légère nuance de laque, d'indigo et d'ocre jaune, nous marquerons les crevasses du chemin (n° 8), du petit tertre snr lequel sont les arbres, et nous aurons obtenu, avec deux teintes superposées, l'effet général de notre paysage. Devant la nature, vous devez procéder avec les mêmes principes que ceux que je vous enseigne dans ce chapitre. Rien ne sera plus facile pour terminer, que de donner à chaque objet des touches vigoureuses avec leurs tons respectifs, et arriver ainsi à donner à notre aquarelle son caractère définitif. Pour enlever les clairs des morceaux de bois qui bordent le chemin, vous vous servirez du même moyen que je vous indiquai pour enlever les clairs des ciels, c'est-à-dire, qu'avec un pinceau imbibé d'eau, vous en dessinerez la forme, et avec un chiffon que vous appliquerez sur votre doigt, vous frotterez légèrement, et le papier reparaîtra : une autre manière pour les pierres et la mer, est d'enlever les clairs à l'aide du grattoir.

Notre aquarelle terminée, c'est à vous, chers élèves, à bien relire ce chapitre ; en vous pénétrant de chaque chose que j'y enseigne, la réussite sera certaine.

CHAPITRE XI.

La planche qui suit sera l'ouvrage de trois personnages bien distincts : le Procédé, l'Imitation, le Sentiment.

C'est, comme je pense vous l'avoir dit, l'expression poétique du sentiment qui est indispensable à l'artiste ; il voit, il sent, et l'imitation se présentant naturellement à lui, il obtient à l'aide du procédé ce que son imagination vient de créer. Mais la chose dont il a besoin, sans laquelle il ne peut être complet, est ce sixième sens que nous nommions la *bosse* et que nous expliquions dans notre premier volume ; c'est ce troisième person-

nage sans la coopération duquel l'œuvre
reste incomplète.

Il est bien difficile, dans si peu de lignes,
de m'étendre sur ce sujet; cependant , je ne
dois pas négliger d'approfondir une des principales bases de l'art, le sentiment, et prouver que sans cet élément il y a imitation,
mais il n'y a pas d'art; car l'art souvent
s'arrête où le procédé montre la tête, et cependant il ne peut s'en passer; l'imitation est
l'esclave du procédé , et ni l'un ni l'autre
n'ont rien de commun avec l'art... Tout cela
paraît diffus et est des plus simples à faire
comprendre.

Nous nous attendons à ce que le public
nous dise, puisque le procédé est inutile,
pourquoi nous faire payer un franc pour le
démontrer? Attends, bon public, et continue
ce chapitre. Voyons un peu à nous tirer de
là, et cherchons à définir ces trois termes :
Procédé, imitation, sentiment, qui parais-

sent à la plupart jumeaux : si le procédé et
l'imitation ne sont rien sans le sentiment, il
ne peut cependant s'en passer; et comme
tous êtres secondaires, les deux premiers
peuvent vivre et se remplir la panse sans le
secours du troisième.

En me promenant l'autre jour sur l'un
des boulevarts de Paris, j'avisai un bon
homme à la figure réjouie peignant la devanture d'une boutique et cherchant à imiter
le bois ; ilparaissait satisfait de sa besogne et
entrait tout joyeux chez le marchand de vin ;
sa bonne mine m'enhardit, et je lui deman-
dai s'il avait assez de talent pour peindre
des lettres.... Sur sa réponse affirmative, je
commençai à m'intéresser à lui en pensant
que le malheur seul l'avait réduit à cette ex-
trémité, et que ses idées sur l'art étaient plus
développées que ne le supposait son état;
je lui parlai donc art, sentiment, etc. Au
premier mot que je lui lançai, mon bon

homme me regarda d'un air ébahi comme si je me moquais de lui, et me dit : — L'Art, allons donc, farceur, allez prendre votre demi-tasse ailleurs ! Décidément je fus convaincu que le procédé n'avait besoin, pour engraisser, d'aucune intuition de l'art. Je ne me décourageai point et je tâchai de trouver, dans l'imitation, un peu plus de courtoisie; l'occasion se présenta d'elle-même et je m'en emparai ; je ne fus pas plus heureux, et vous allez en juger... L'enseigne d'un charcutier m'en donna amplement l'occasion; car au lieu de mon bon homme à l'air réjoui qui m'avait si fort rudoyé, je vis, monté sur une échelle, un jeune France à la barbe fougueuse, au chapeau 1848, enfin un vrai lion dégarni; celui-ci, la palette à la main, peignait *parfaitement nature* une hure de sanglier et quelques fromages du plus beau blanc... En voilà un, au moins, qui doit comprendre l'art, et je l'abordai. —

Monsieur, lui dis-je fort poliment, auriez-
vous assez de talent pour me représenter sur
une toile ce que vous réussissez si bien sur
la devanture de cet estimable citadin? —
Certainement, Monsieur, me répond-il avec
effusion... — Et quinze jours après lui avoir
fait cette commande, il me livrait quinze
toiles du même sujet... Entre parenthèse, je
me décidai à envoyer la meilleure au Salon,
et le croiriez-vous, ce tableau eut un succès
écrasant; c'était si nature!!! Pour en revenir
à notre artiste, alléché par mes commandes,
et des commandes à 7 francs pièce; je me
hasardai à lui demander, comme à l'autre, ce
qu'il pensait de l'art, de ce sentiment exquis
qui émane de chaque chose... Sa réponse fut
plus polie, mais moins compréhensible que
celle du précédent, et il me répondit cour-
toisement : — Bien le bonjour à Madame
votre épouse!!! Fatigué, ennuyé, je fus dé-
solé de voir des gaillards qui s'intitulaient

artistes, et qui souvent parvenaient aux extrêmes limites de la perfection du métier, venir me rire au nez lorsque j'abordais la question de l'art. — Et c'est par cette raison, bon public, qu'il t'arrive souvent, sans t'en douter, de ne percevoir, de ne saisir que ce qui tombe sous ton sens : le procédé, tu le vois; l'imitation, tu la vois aussi, mais ce que tu dois deviner, c'est l'art, le sentiment, le génie! Tu le pares souvent de ces faux noms, tu crois jouir de ses bienfaits, mais tu adores le Dieu dans sa créature.

Je voudrais finir ce chapitre et esquiver la difficulté, car il faut que je te montre ce que c'est que l'art... Ecoute, je ne puis ni te le faire voir, ni toucher, ni même te l'expliquer, car ce serait le dégrader que de lui donner une figure; voilà la seule définition que j'ai pu trouver; l'art n'a que des attributs : puissance, liberté, infini.

CHAPITRE XII.

A la septième et dernière planche, résultat complet de nos études, après quoi le livre se trouve clos.

Nous avons réuni dans cette planche toutes les parties que nous avons démontrées à notre élève ; car, après lui avoir appris à peindre d'après nature, nous avons encore besoin qu'il comprenne bien la valeur relative des tons ; cette dernière planche *imaginée* complètera nos leçons et nous permettra de pouvoir terminer notre aquarelle d'après nature ; l'élève, après cette étude, aura plus de facilité pour obtenir un résultat complet. Ce n'est point, comme je vous l'ai dit, un talent d'agrément que je veux vous enseigner.

mais bien vous initier aux sources sacrées des grandeurs de l'art ; je ne veux qu'éclairer votre route et non la fausser ; diriger votre naturel, et contre l'habitude de tous les maîtres, vous éviter une influence absolue, exclusive.

Les principes que je vais vous démontrer, résumé complet de nos études, seront applicables à toutes les aquarelles ; dans chacune d'elles vous trouverez relation de tons ; cette relation de tons correspond tout simplement à l'harmonie en musique ; mettez une fausse note, vous aurez l'oreille affectée ; placez sur votre toile un ton qui ne soit pas en rapport avec l'ensemble, vous aurez la vue heurtée ; nous développerons toutes ces questions dans le cinquième volume de notre ouvrage, car il est aussi indispensable d'approfondir la partie théorique et philosophique de l'art, que la pratique.

L'ensemble de cette septième planche dessinée, nous commencerons par indiquer le bleu du ciel (nº 1 et suivants du tableau explicatif) avec du cobalt, en enlevant les parties éclairées ; un ton léger d'indigo et de brun rouge nous servira pour les nuages inférieurs (nº 2), et nous couvrirons de la même teinte les massifs d'arbres des lointains se confondant avec le ciel. Cette première teinte sèche, nous en étendrons une seconde plus solide sur la partie vigoureuse du ciel, en la passant une seconde fois sur les arbres pour éviter les duretés en les terminant; l'élève observera qu'il doit avoir son pinceau bien nourri d'eau et ne pas retoucher son ciel avec une teinte différente. Le saule du premier plan (nº 3), à droite du moulin, sera ébauché d'un ton de gomme-gutte, terre de Sienne brûlée et fort peu d'indigo, que l'on passera sur l'ensemble de l'arbre sans avoir égard aux lumières ; on réservera le papier pour la partie lumineuse

du moulin et son toit s'indiquera en mêlant
un peu de Sienne brûlée au ton du ciel ; les
arbres du second plan (n° 4), s'obtiendront
avec un mélange d'indigo, d'ocre jaune, et
fort peu de Sienne brûlée ; ceux des lointains
(n° 5) se marieront avec le ciel, comme je
l'ai dit précédemment, en y ajoutant un peu
plus d'indigo et de laque ; les terrains du
premier plan (n° 6) d'un ton d'indigo, de
Sienne brûlée et de gomme-gutte ; et la partie lumineuse de l'eau (n° 7) s'obtiendra avec
le papier, que l'on doit toujours ménager
pour éviter l'emploi du blanc qui est, nous
le répétons, sale et lourd ; les rochers (n° 8)
s'ébaucheront avec du cobalt, de la laque et
de la terre de Sienne brûlée ; enfin l'arbre
(n° 9) qui se trouve sur le bord de la rivière,
et qui est le plus rapproché du spectateur,
doit avoir une couleur des plus vigoureuses,
il s'indiquera avec un ton de terre de Sienne
brûlée et fort peu d'indigo.

L'élève aura besoin de beaucoup de raisonnement pour obtenir un heureux résultat; chaque partie n'aura sa vigueur qu'à l'aide de son ton respectif, qui lui donnera en même temps le mouvement; la dernière touche est celle qui offre le plus de difficultés, car il faut accentuer les détails à leur juste valeur et suivant le plan qu'ils occupent; on observera qu'ils s'affaiblissent en s'éloignant et que deux arbres de la même espèce, placés sur deux plans différents, seront touchés le premier d'un ton vigoureux, le plus éloigné avec une couleur participant davantage de celle du ciel, ainsi de chaque objet; c'est ce qu'on appelle perspective aérienne.

Faisons remarquer à l'élève qu'il doit, avant de commencer son aquarelle, bien réfléchir sur la valeur du ton local, et s'imaginer, comme valeur relative, qu'il copie une gravure au moyen d'encre de Chine ou de sépia ; car, en quoi diffère l'enluminure d'un coloris recommandable? Bien moins, certes, par la teinte qui est bleue ici, bleue là, rouge de ce côté, rouge de cet autre, que par l'absence, quant à leur intensité, d'une juste relation entre la valeur des tons ; un exemple, et nos études sur l'aquarelle appliquées au paysage seront terminées.

Donnez à copier à un peintre inhabile un armure polie, il copiera aussi exactement qu'il pourra la couleur du fer, et il est plus que probable qu'il ne trouvera pas de blanc assez blanc pour représenter les luisants, quel sera son étonnement, son armure faite, de la trouver fausse de couleur, quoique peinte avec une grande fidélité matérielle... Pourquoi? C'est qu'il se sera trop occupé de la teinte, pas assez de la valeur relative du ton, tandis qu'un artiste habile, lui, imitera la lumière de son armure en ne se servant même pas de blanc, et elle sera plus brillante que l'autre ! Encore une fois, pourquoi, me demandez-vous ? Puisque ceci paraît vous embarrasser, en voici la raison : c'est que cet artiste, qui ne veut pas de blanc sur sa palette, s'attachera surtout à rendre la juste valeur des tons qui frapperont sa vue, bien certain d'obtenir par cette voie, ce que la couleur ou teinte ne lui eût jamais fait trouver ; et il s'arrangera de telle sorte, qu'avec l'absence complète du blanc, son armure sortira de son pinceau luisante et polie. Demandez son secret à Rembrandt; quant à moi, si après toutes ces réflexions, vous me demandez encore ce qu'est en peinture la *couleur* ; je vous répondrai comme Michel de Montaigne : Que sais-je !

Vous avez dans cette dernière aquarelle appris à construire l'édifice, il ne s'agira plus que de l'orner ; vous avez la charpente, l'ensemble, les détails ne pourront être un empêchement à vos progrès : Quand nos fameux architectes de la renaissance voyaient la clef de voûte s'engager et finalement venir remplir la place qui lui était destinée, l'œuvre était achevée, l'édifice resplendissait au soleil, la création existait, le créateur pouvait disparaître.... Venait alors l'ouvrier, qui sur les dessins du maître taillait les moulures, sculptait les arabesques, les détails n'étant plus que l'œuvre secondaire, la part du manœuvre. De même dans notre aquarelle, la conception arrêtée, les détails ne sont qu'accessoires.

Si parfois, élèves, le courage venait à vous manquer, rappelez-vous qu'une terre bien cultivée rapporte toujours des fruits, quelque aride qu'elle soit; et que si vos études sont lentes, elles n'en seront pas moins bonnes si vous suivez la route que nous vous ouvrons; car, si quelques artistes acquièrent vite leur renommée, ils la voient souvent mourir avant eux.

Voici un livre qui nous a été rude et difficile ; aussi lecteur, sera-ce un service que vous rendrez à l'auteur en lisant son dernier chapitre.

EPILOGUE.

**Deux pages perdues, mais dont l'auteur
ne peut se passer.**

Le désir de chaque auteur est de se faire
lire, c'est bien excusable ; ce qui l'est moins,
c'est de n'avoir pas le secret de forcer le public à acheter son livre. Voilà notre troisième
brochure lancée, où ira-t-elle ?... Nous ne
pourrions lui désirer un meilleur sort qu'à
ses aînées, qui ont fait leur chemin, comme
elles le disent avec un peu de vanité : *Cum
approbatione regis*, du public, car en matière
de succès, c'est le seul et puissant potentat.
A quoi attribuer cette faveur que je crains
aujourd'hui de démériter.... L'aurais-je

flatté .. Il n'y avait pas matière ; aurai-je dans mes quelques pages pris un air pédant qui lui en eût imposé... Il a trop de bon sens pour s'y laisser prendre : y aurait-il une troisième raison et oserai-je la nommer ? Les causes les plus simples produisent quelquefois les plus grands effets. je vous passe le verre d'eau de la Comédie-Française, et pour en revenir à mon petit livre, ce qui le fait vendre... Eh ! bien, c'est... non, je n'oserai jamais l'avouer ; enfin... oui, eh bien ! va donc auteur, c'est... c'est l'étiquette du sac ! Vous ne le croiriez pas, vous tous qui n'avez pas une goutte d'encre sur la conscience, que le titre d'un ouvrage est ce qu'il y a de plus difficile à inventer ; car il lui faut un passeport. Le titre, voyez-vous, c'est la pierre philosophale ; c'est l'Amérique découverte ; ce sont les trois minutes qui précèdent l'exécution d'un condamné ; c'est la majorité pour un candidat à l'académie ; enfin... c'est tout ce qui n'est pas dans le livre... Aussi, nous ne nous flattons nullement d'avoir inventé le nôtre quoiqu'il nous ait déjà suscité bien des envieux, sans compter la contrefaçon, ce qui, au reste, ne peut que nous faire grand plaisir.

Notre ouvrage se vendant et étant compris, nous pouvons faire nos confidences à nos lecteurs et leur demander pardon d'avoir omis dans notre *innocent titre*, entre la ligne appris seul et pour 1 franc, les mots : *avec beaucoup de travail;* ces mots étaient nécessaires, mais celui qui nous a fait découvrir un titre si *marchand* ne l'avait pas jugé ainsi, et il nous a fait une remarque qui eût pu nous blesser, si notre bourgeon, lisez amour-propre, eût été plus enflé, que nous devons vous soumettre, ami lecteur ; c'est, reprit-il, que plus le livre est mauvais,' plus le titre doit promettre... Ceci nous suffoqua, et je lui fis répéter, jusqu'à trois fois, l'affreux

titre qui se trouve en tête de cet ouvrage, en
lui répondant que jamais je n'en assumerais
sur ma conscience un pareil... Monsieur, me
répondit-il, les gens qui ont trop d'esprit
n'arrivent jamais, et il faut tromper un peu
le public sur l'enveloppe... Alors, lui répon-
dis-je, je ne serai pas lu, car tout le monde
aura le bon sens de comprendre qu'avec un
titre si...... De comprendre quoi? Dites,
Monsieur le peintre, que ceux qui croiront
en savoir plus que vous, achèteront votre
ouvrage pour s'en moquer en petit comité,
et que la modicité du prix engagera les autres. Cette conclusion était si rationnelle,
que je me parai des plumes du paon, et que
je me résignai à opter pour le titre : *Le Dessin appris seul pour un franc.*

J'aurais aussi bien pu vous éviter cette dia-
tribe et vous dire tout simplement que je
me propose de traiter, dans mon prochain
volume, *le Pastel*; c'est un délicieux genre

et dont nos vieux parents raffolaient ; il a le
don, à lui seul, de pouvoir donner cette fraîcheur de la rose, cette carnation que toutes
les femmes de vingt ans envient à celles de
quinze : le pastel, qui fait revivre aussi belles
qu'elles l'ont été, les fines fleurs de la cour
du vénérable vieux de Cythère : le pastel,
auquel nous devons le talent si frais, si
suave, si mignon de La Tour ; du séduisant
Boucher ; de la divine Rose Alba ; le pastel
enfin qui, si j'étais jolie femme, me servirait à me faire admirer de trois générations,
en me conservant des couleurs virginales,
que la peinture à l'huile métamorphose si
promptement en jus de réglisse ; car je ne
sais dans quel but notre école actuelle cherche
par tous les moyens possibles à obtenir avec
ce procédé la lourdeur des tons de l'huile....

Pourquoi assimiler un genre avec lequel
nous pouvons rendre la fraîcheur de l'en-
fant, à un autre qui nous est indispensable

dans un sujet sérieux et sauvage... Rendons donc à Pierre ce qui appartient à Pierre, et le pastel aux jolies femmes.

C'est cette partie de l'art que nous allons vous enseigner dans notre quatrième brochure, et nous terminerons cette première série par la peinture à l'huile. Notre but, si nous pouvons l'atteindre et si notre ouvrage continue à se vendre, est d'établir un monument durable, d'envisager l'art sous toutes ses faces ; la seconde série du dessin appris seul sera son complément, elle contiendra les règles de la composition, de l'expression, etc.; le paysage également; et l'aquarelle viendra à son tour se compléter par l'étude de la figure, costume, accessoires, etc.; enfin, elle devra atteindre le but qu'elle est appelée à remplir pour servir à l'étude de la peinture à l'huile.

Voilà une fois de plus, chers élèves, notre tâche terminée ; pour nous, la plus grande preuve de la réussite de vos progrès est puisée dans la conviction profonde que nous avons d'avoir fait un livre utile, d'avoir plutôt cherché un succès durable qu'un gain sordide ; notre titre eût pu vous tromper, c'est ce dont nous doutons, puisqu'une nouvelle édition du *Dessin appris seul* se prépare : 1853 en verra-t-il une seconde de celui-ci ?...

J. DE LA ROCHENOIRE.

Paris, le 8 mars 1853.

Paris. — Imp. MAULDE et RENOU, rue de Rivoli prolongée, au coin de celle de l'Arbre-Sec.   7707

Appendice de l'Aquarelle apprise Seul

MOYEN INFAILLIBLE POUR APPRENDRE A DESSINER ET A PEINDRE D'APRÈS NATURE

PAR J. DE LA ROCHENOIRE

Se vend :
Chez DURANDIN, Éditeur-Libraire

PRIX : 1 FR. 50 c.

CARRÉ INTELLECTUEL
Pour apprendre à dessiner seul d'après nature.

Se vend :
Chez MARTINON, Éditeur-Libraire

PRIX : 1 FR. 50 c.

STIRATOR
Servant à tendre le papier.

PLANCHE PREMIÈRE

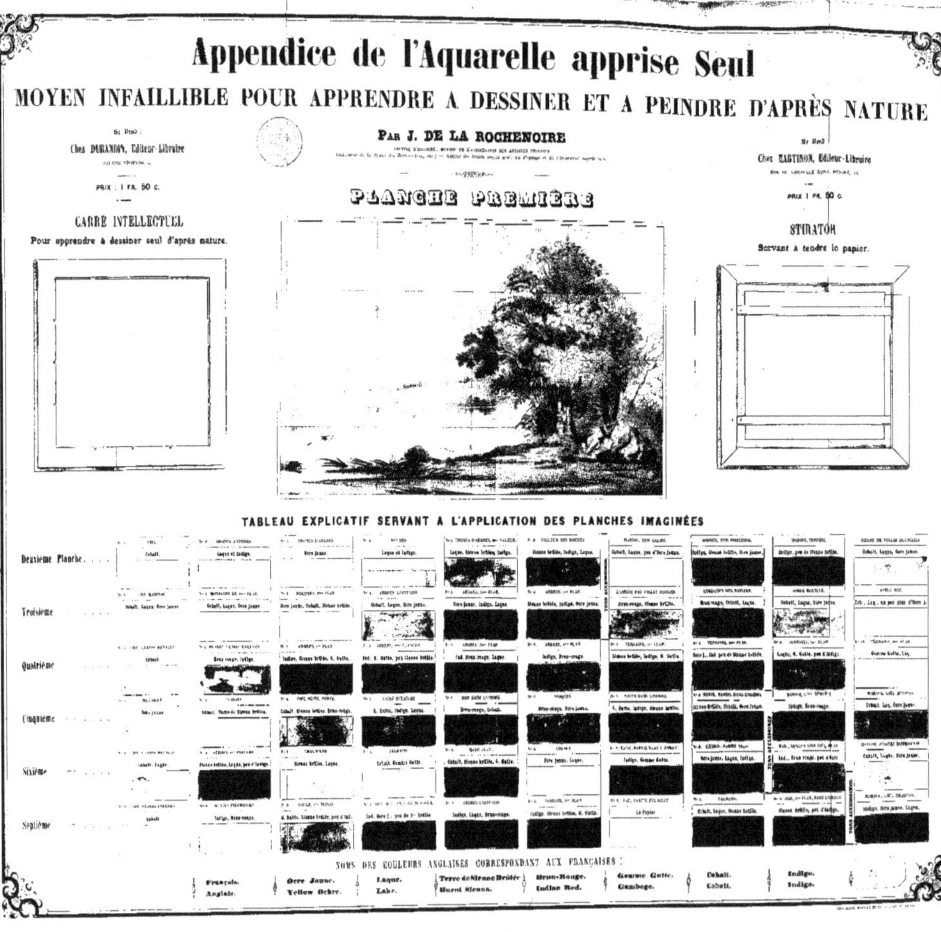

TABLEAU EXPLICATIF SERVANT A L'APPLICATION DES PLANCHES IMAGINÉES

	Ciel	Masses d'ombre	Troncs d'arbres	Ciel	Troncs d'arbres, ou valeur	Collier des roches	Marine, son galet	Arbres, 1er plan	Marine, terrain	Chêne de plein soleil
Deuxième Planche	Cobalt.	Laque et Indigo.	Ocre Jaune.	Laque et Indigo.	Laque, Sienne brûlée, Indigo.	Sienne brûlée, Indigo, Laque.	Cobalt, Laque, peu d'Ocre Jaune.	Indigo, Sienne brûlée, Ocre Jaune.	Indigo, peu de Sienne brûlée.	Cobalt, Laque, Ocre Jaune.
Troisième	Cobalt, Laque, Ocre Jaune.	Cobalt, Laque, Ocre Jaune.	Ocre Jaune, Cobalt, Sienne brûlée.	Cobalt, Laque, Ocre Jaune.	Ocre Jaune, Indigo, Laque.	Sienne brûlée, Indigo, Ocre Jaune.	Brun-rouge, Sienne brûlée.	Brun-rouge, Cobalt, Laque.	Cobalt, Laque, Ocre Jaune.	Coh., Laq., un peu plus d'Ocre J.
Quatrième	Cobalt.	Brun rouge, Indigo.	Indigo, Sienne brûlée, G. Gutte.	Ind. B. Gutte, peu Sienne brûlée.	Ind. Brun-rouge, Laque.	Indigo, Brun-rouge.	Sienne brûlée, Indigo, G. Gutte.	Ocre J., Ind. peu de Sienne brûlée.	Laque, G. Gutte, peu d'Indigo.	Gomme Gutte, Laq.
Cinquième	Bois Jaune.	Cobalt, Terre de Sienne brûlée.	Cobalt, Sienne brûlée, Brun-rouge.	G. Gutte, Indigo, Laque.	Brun-rouge, Cobalt.	Brun-rouge, Ocre Jaune.	G. Gutte, Indigo, Sienne brûlée.	Sienne brûlée, Cobalt, Ocre Jaune.	Indigo, Brun-rouge.	Cobalt, Laq., Ocre Jaune.
Sixième	Cobalt, Laque.	Sienne brûlée, Laque, peu d'Indigo.	Sienne brûlée, Laque.	Cobalt, Gomme Gutte.	Cobalt, Sienne brûlée, G. Gutte.	Ocre Jaune, Laque.	Indigo, Gomme Gutte.	Ocre Jaune, Laque, Indigo.	Ind., Brun rouge, peu d'Ocre.	Cobalt, Laque, Ocre Jaune.
Septième	Cobalt.	Indigo, Brun-rouge.	G. Gutte, Sienne brûlée, peu d'Ind.	Ind. Ocre J., peu de 1re brûlée.	Indigo, Laque, Brun-rouge.	Indigo, Sienne brûlée, G. Gutte.	Le Papier.	Cobalt, Laque, Sienne brûlée.	Sienne brûlée, peu d'Indigo.	Indigo, Ocre Jaune, Laque.

NOMS DES COULEURS ANGLAISES CORRESPONDANT AUX FRANÇAISES :

Français.	Ocre Jaune.	Laque.	Terre de Sienne Brûlée.	Brun-Rouge.	Gomme Gutte.	Cobalt.	Indigo.
Anglais.	Yellow Ochre.	Lake.	Burnt Sienna.	Indian Red.	Gamboge.	Cobalt.	Indigo.